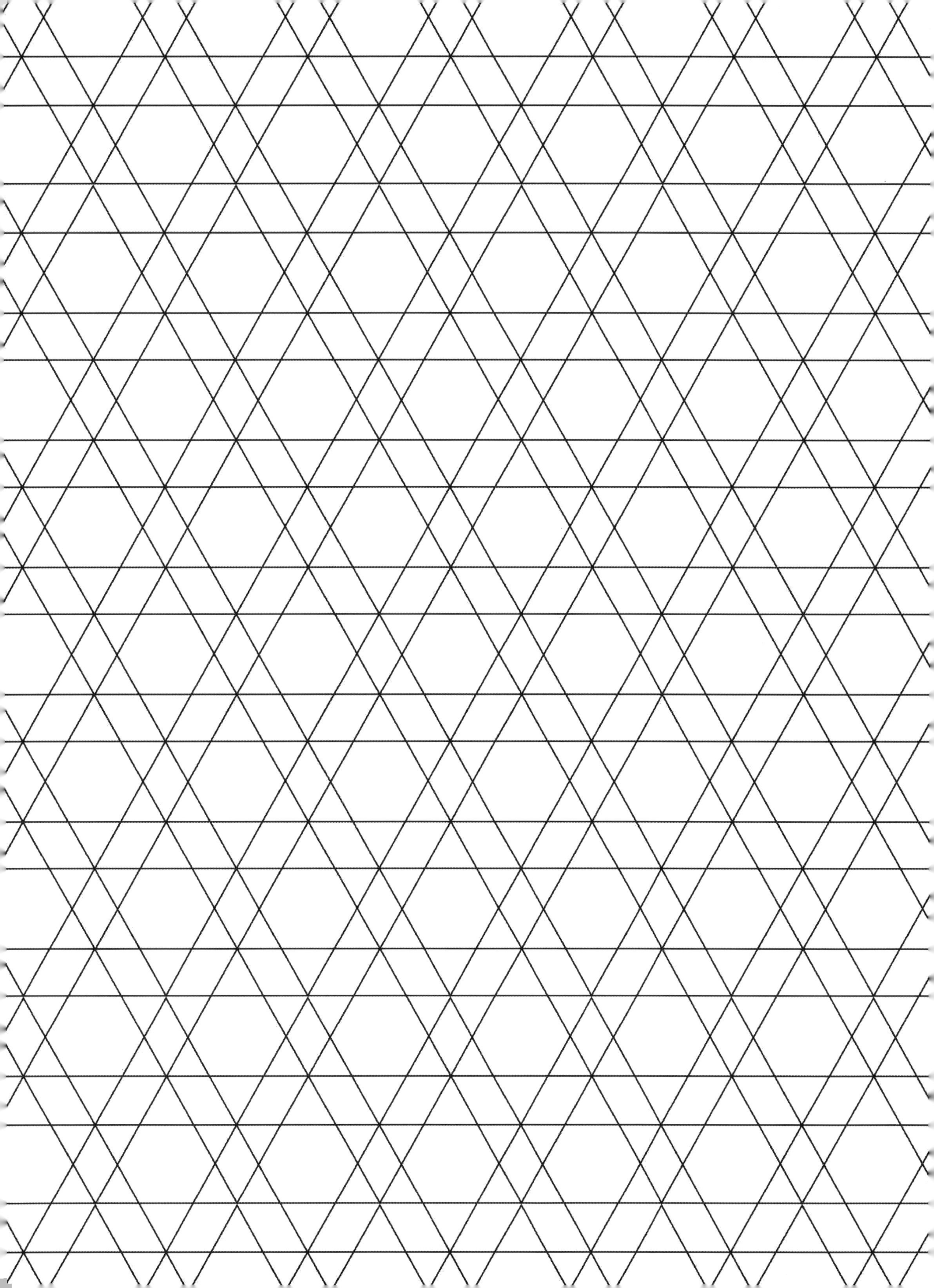

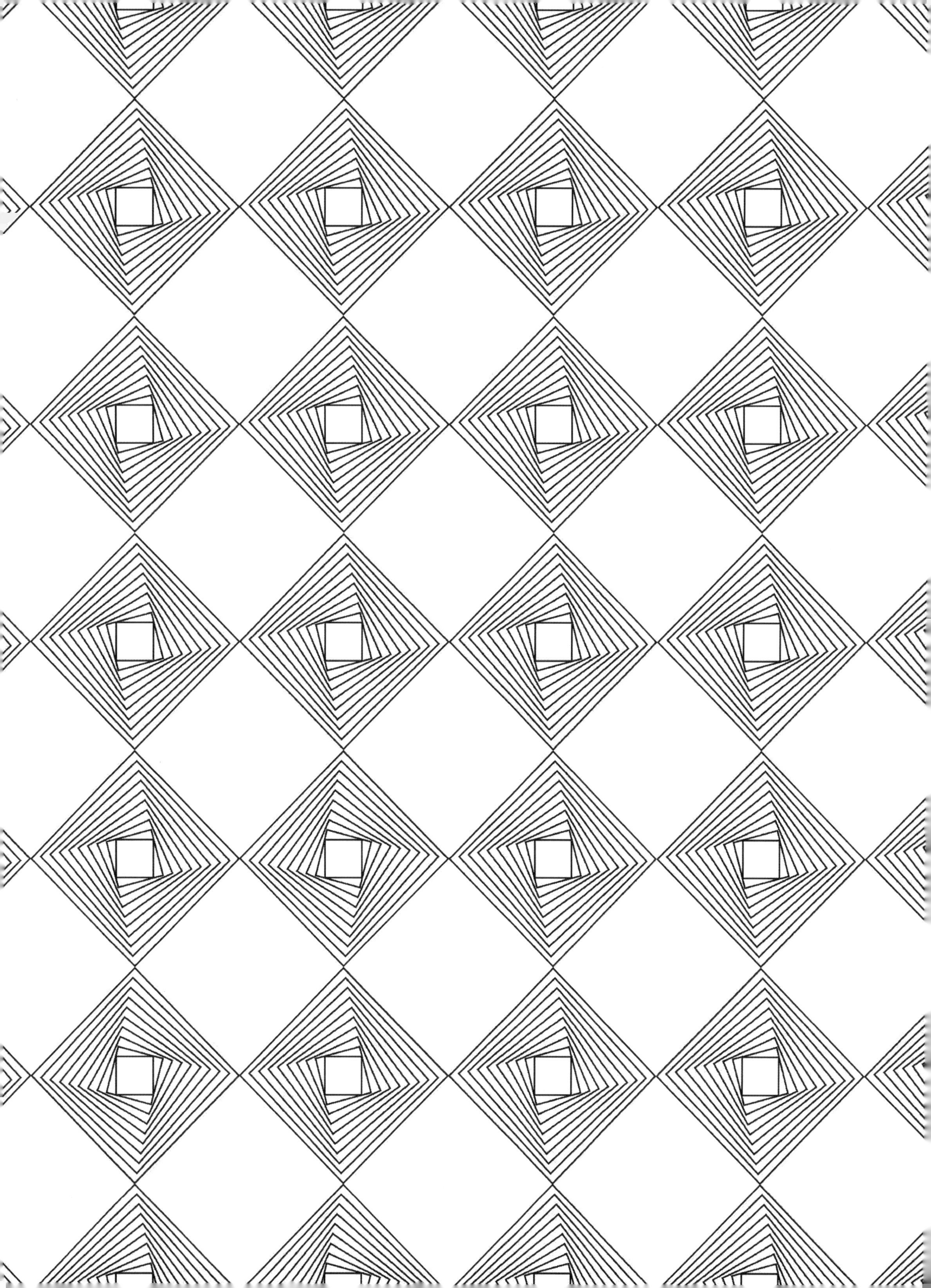

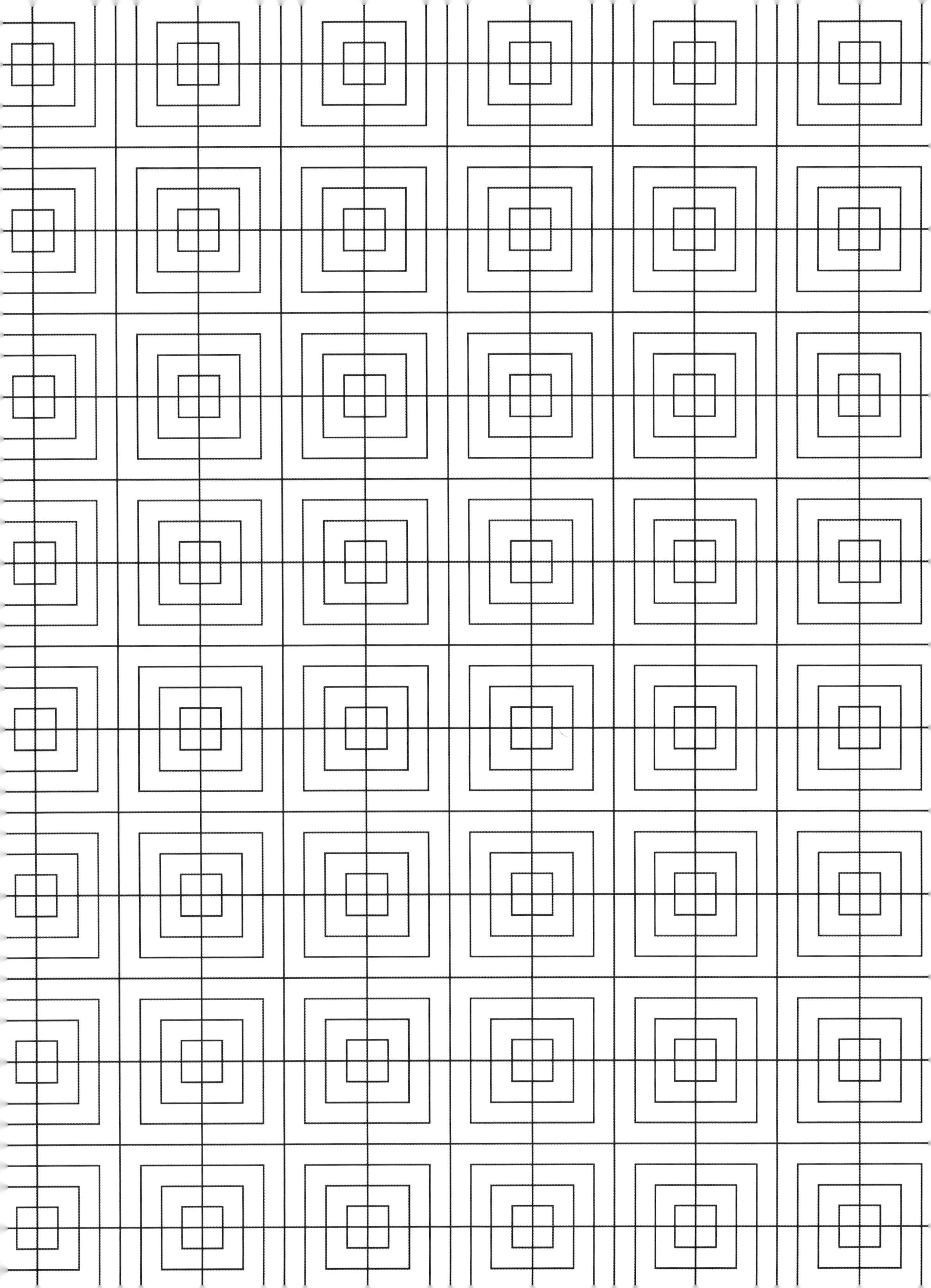

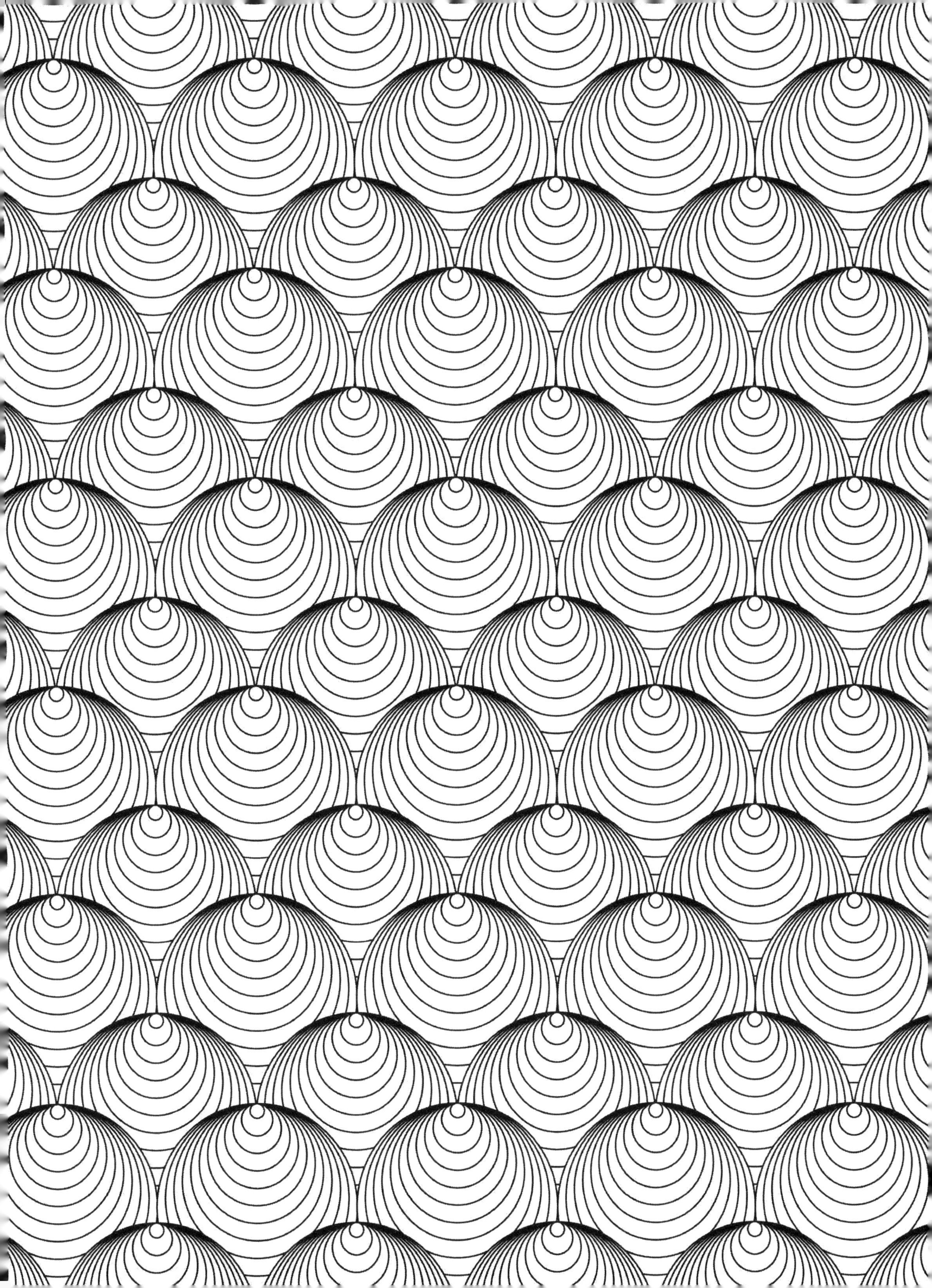

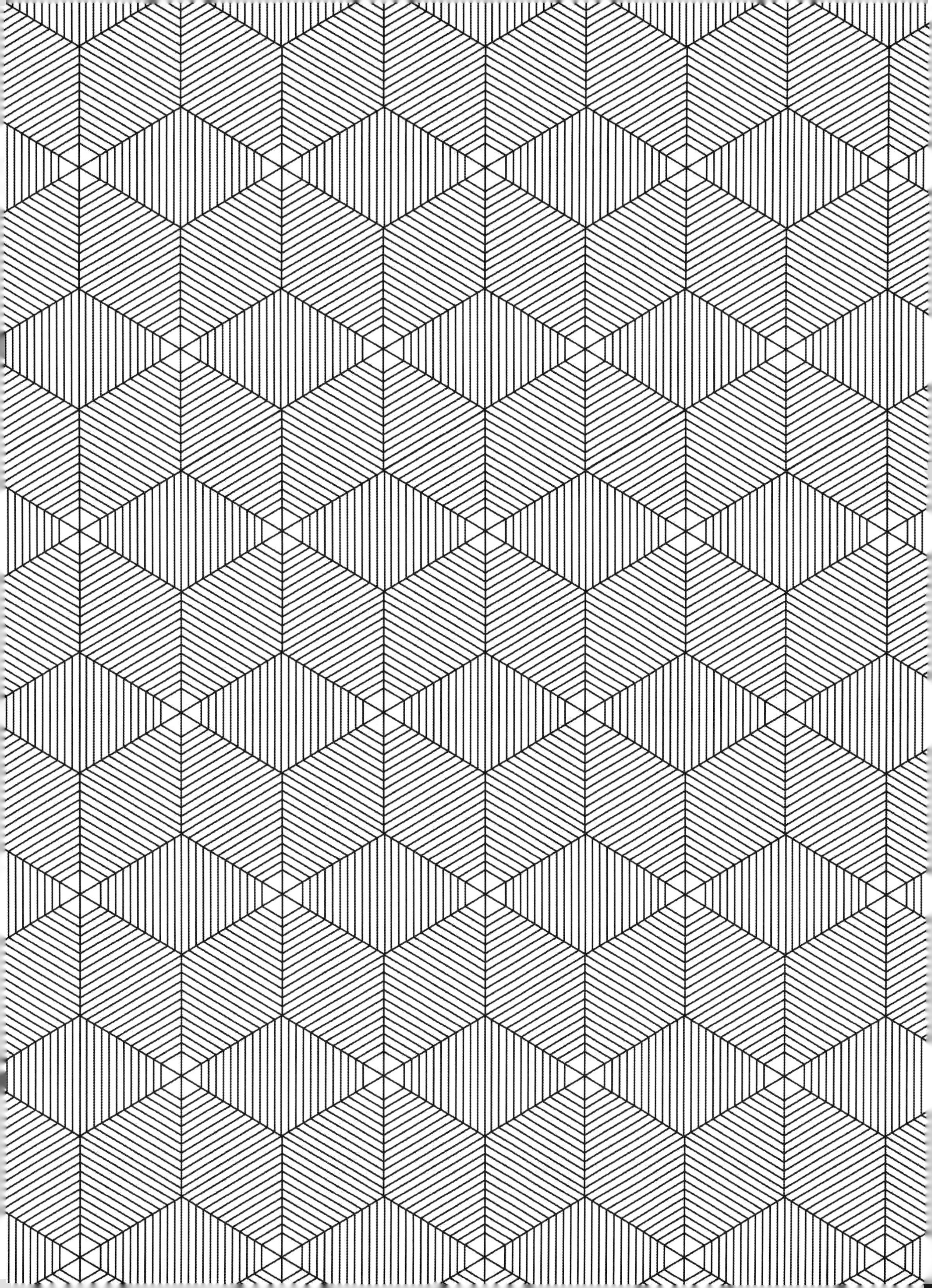

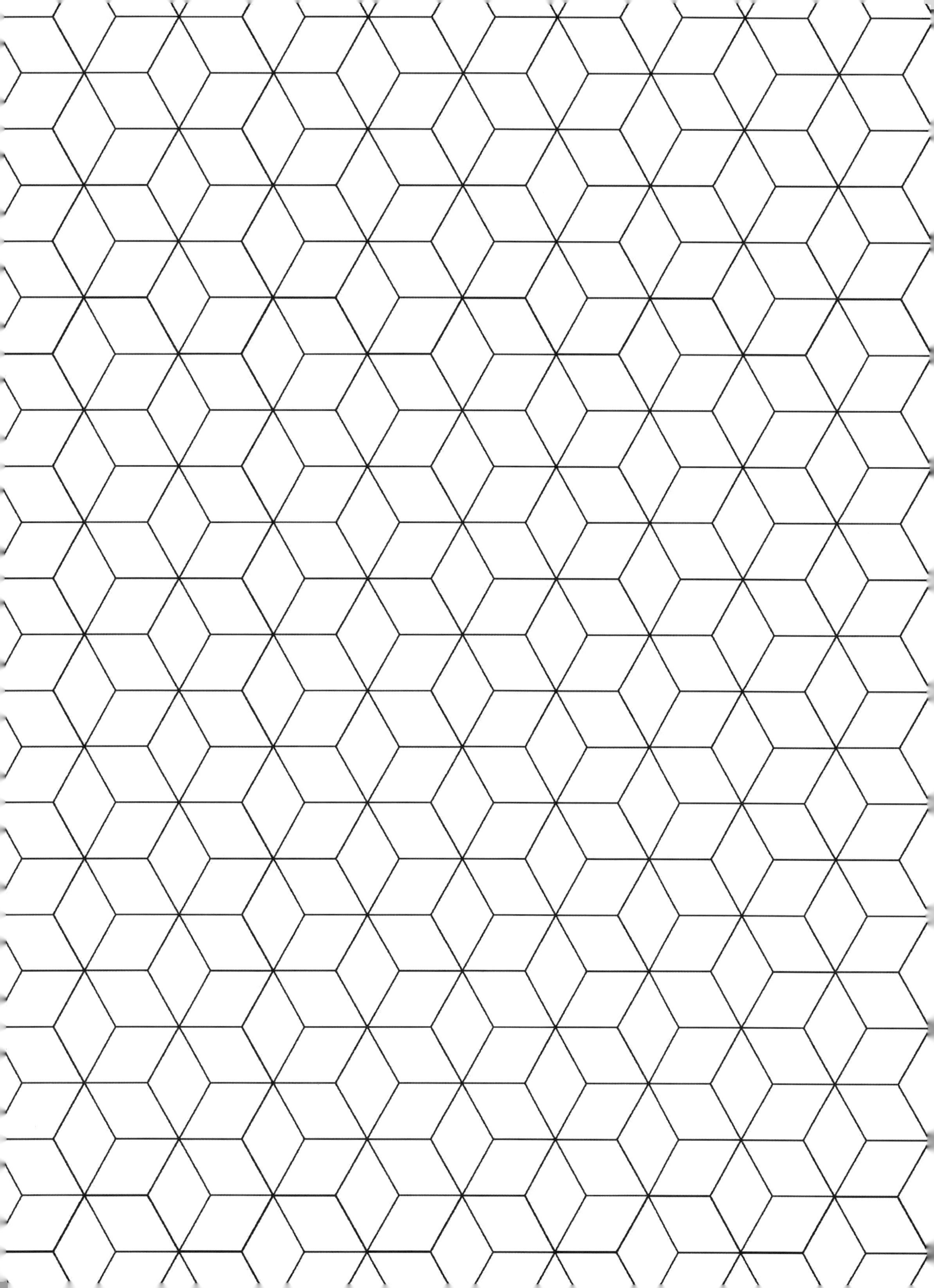

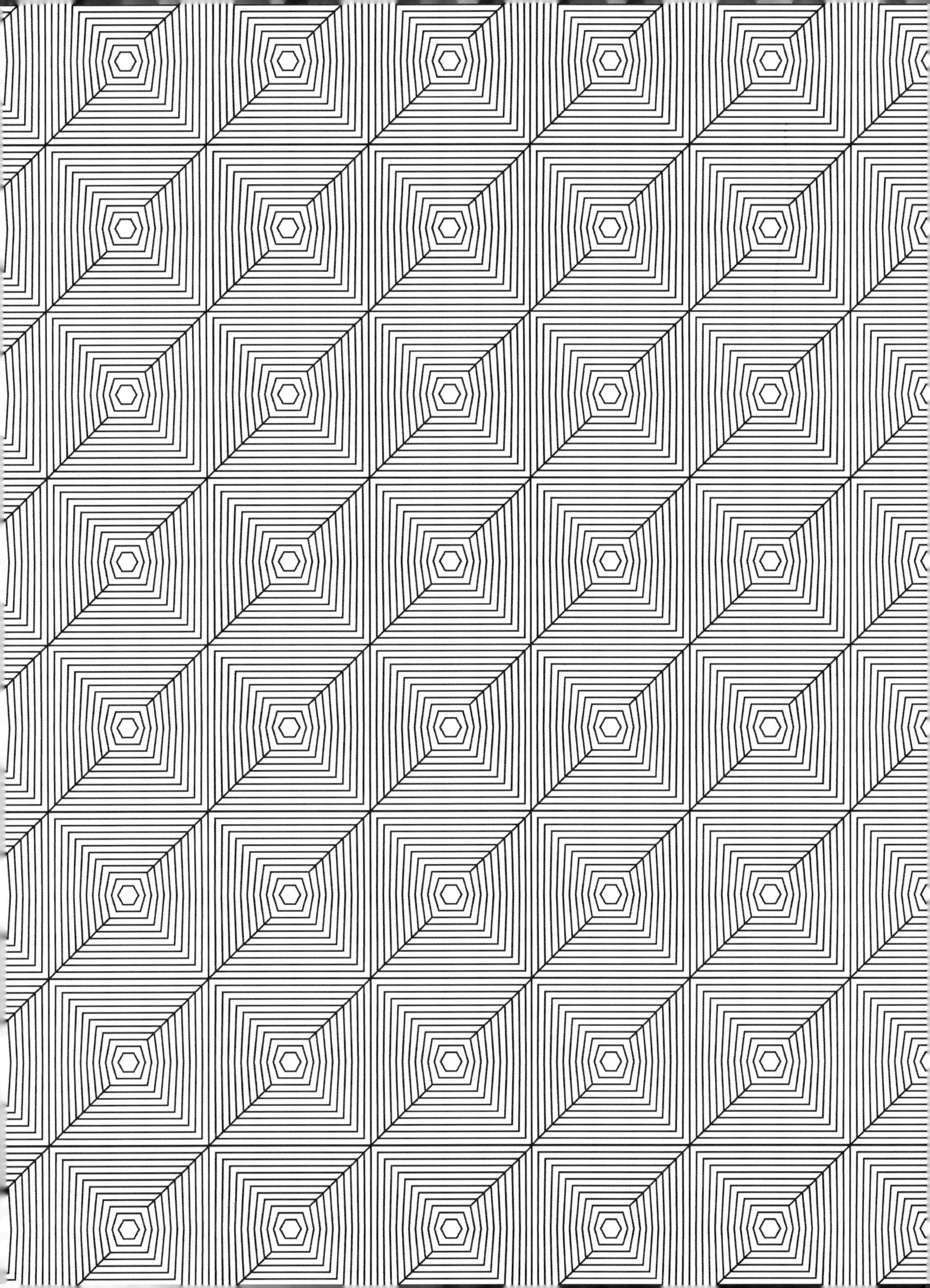

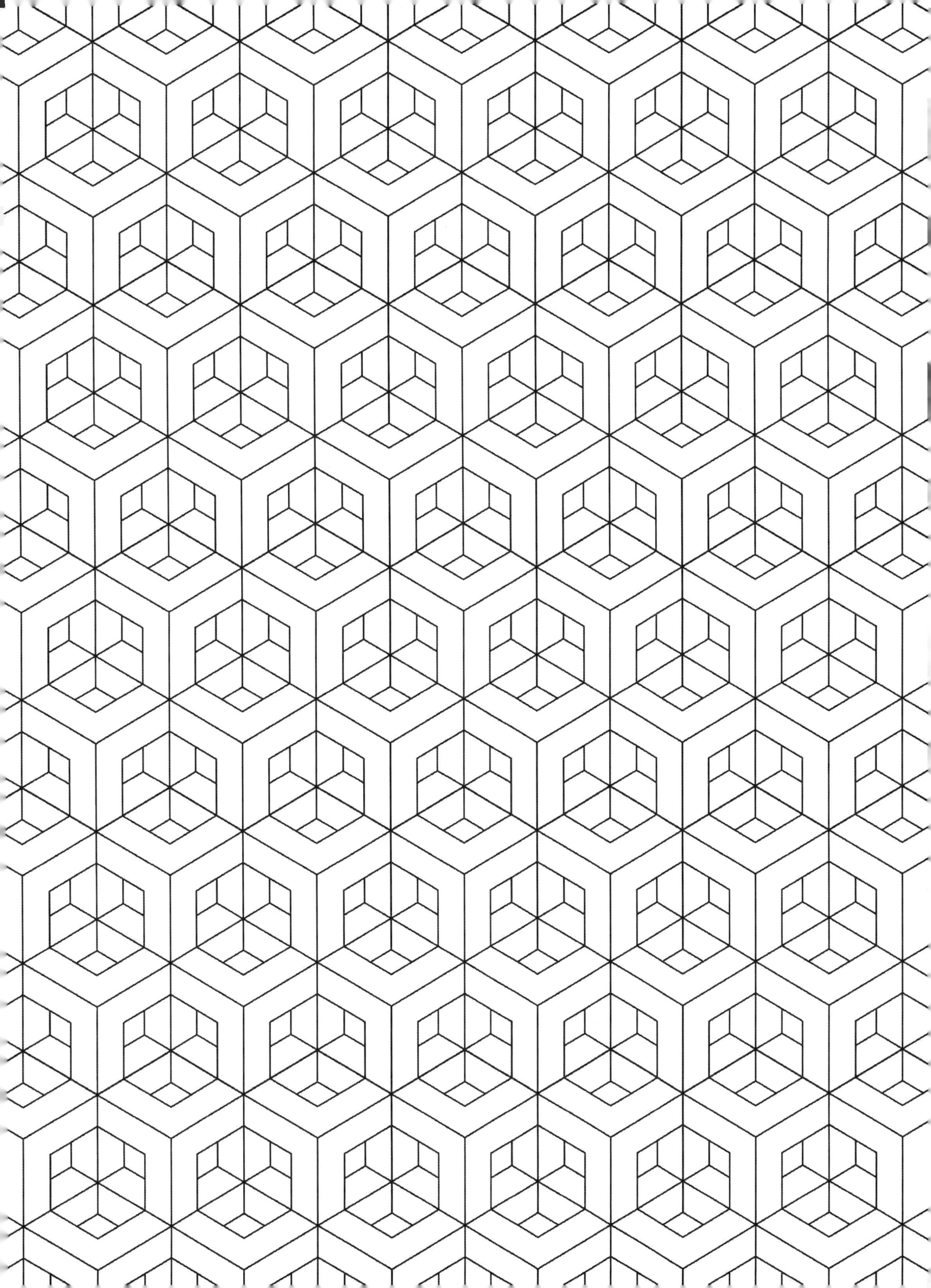

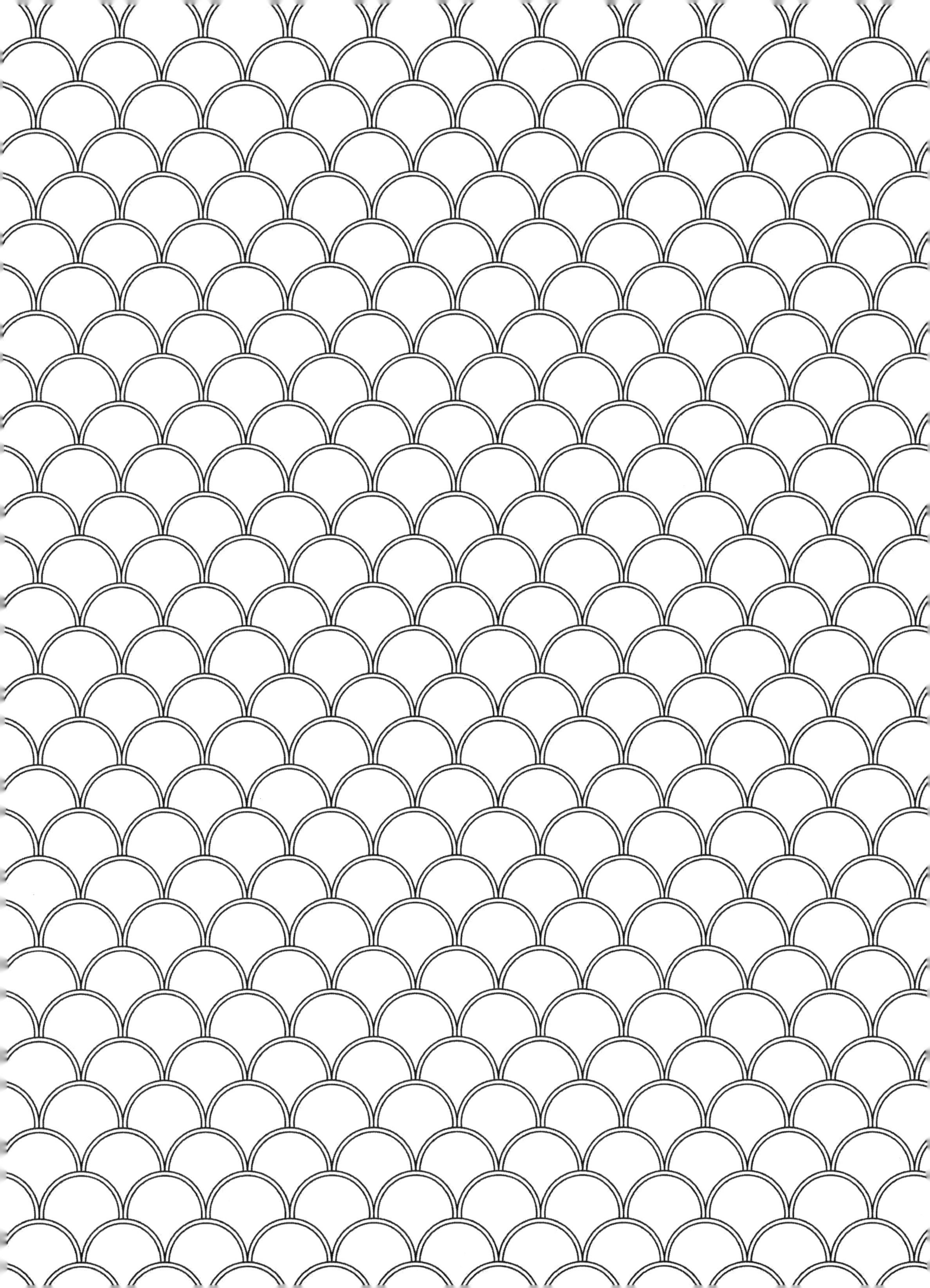

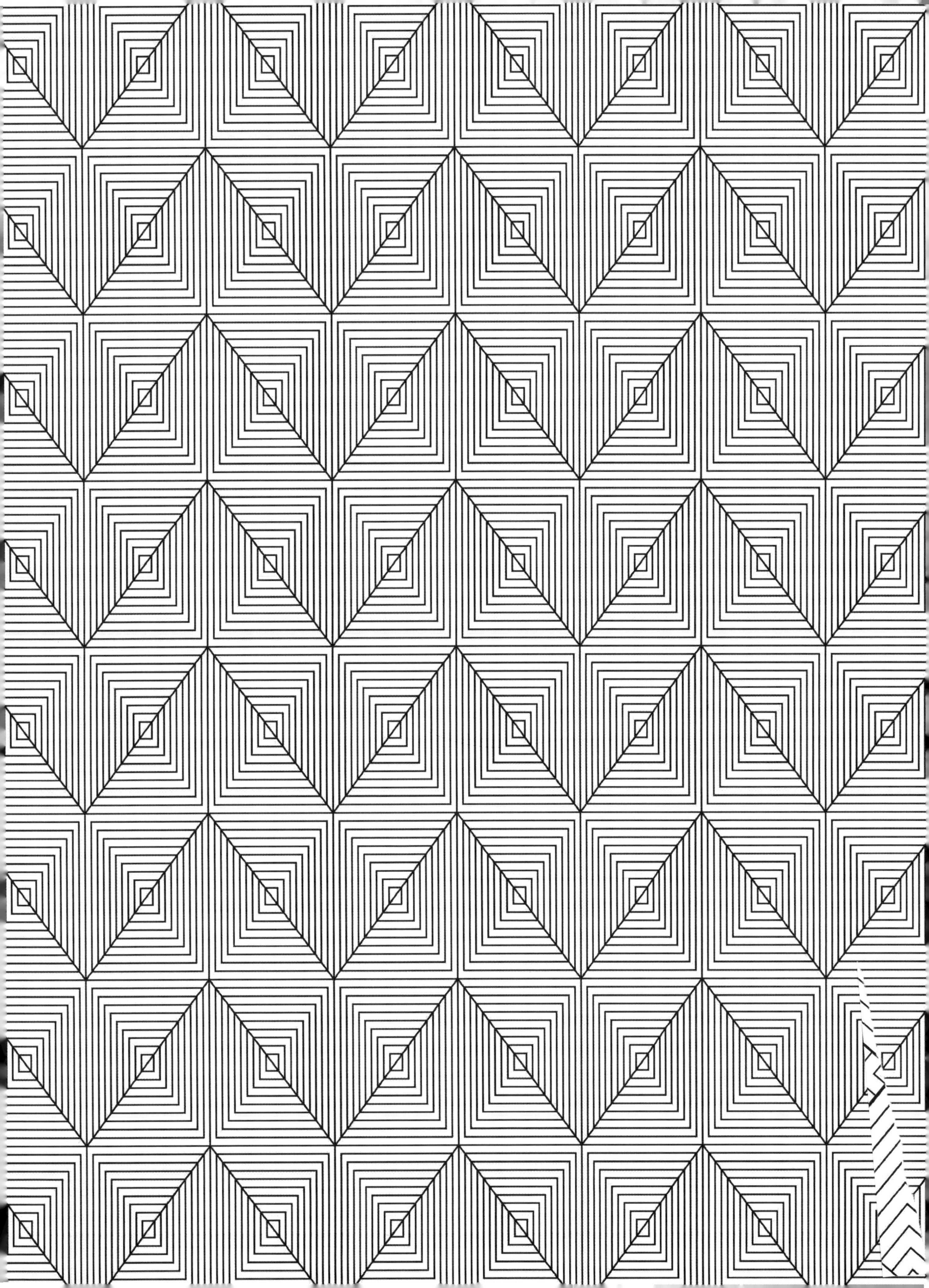

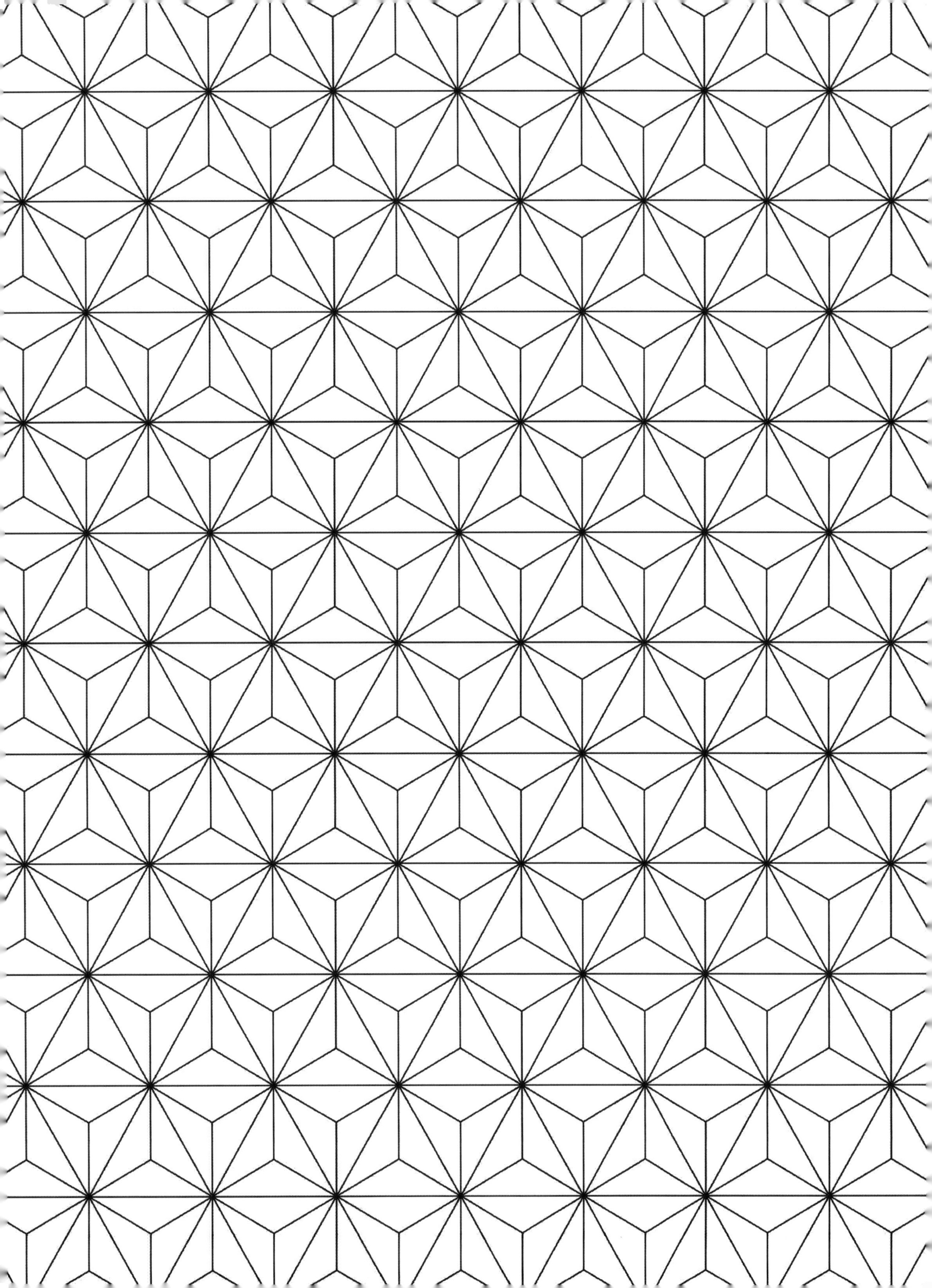

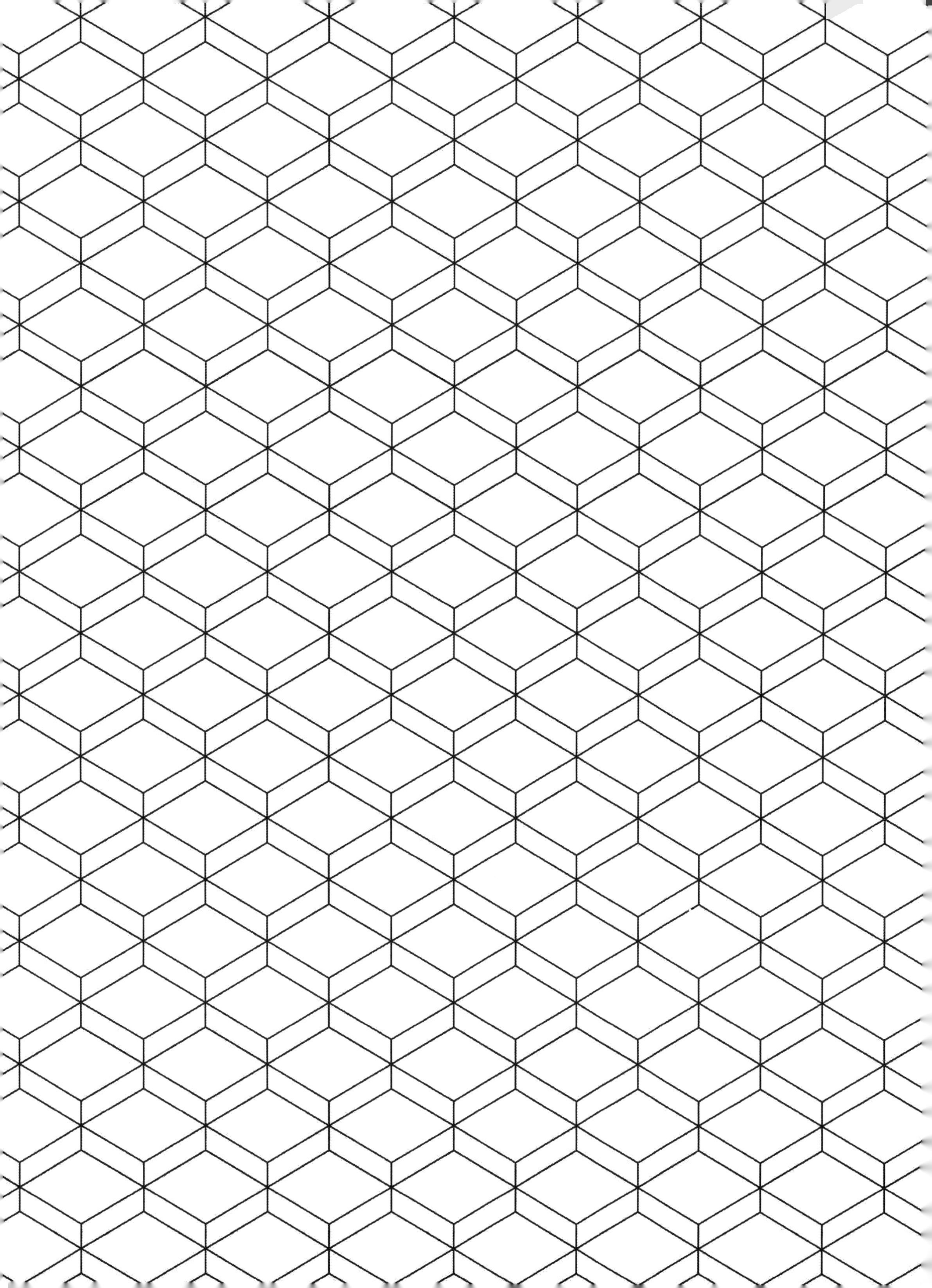

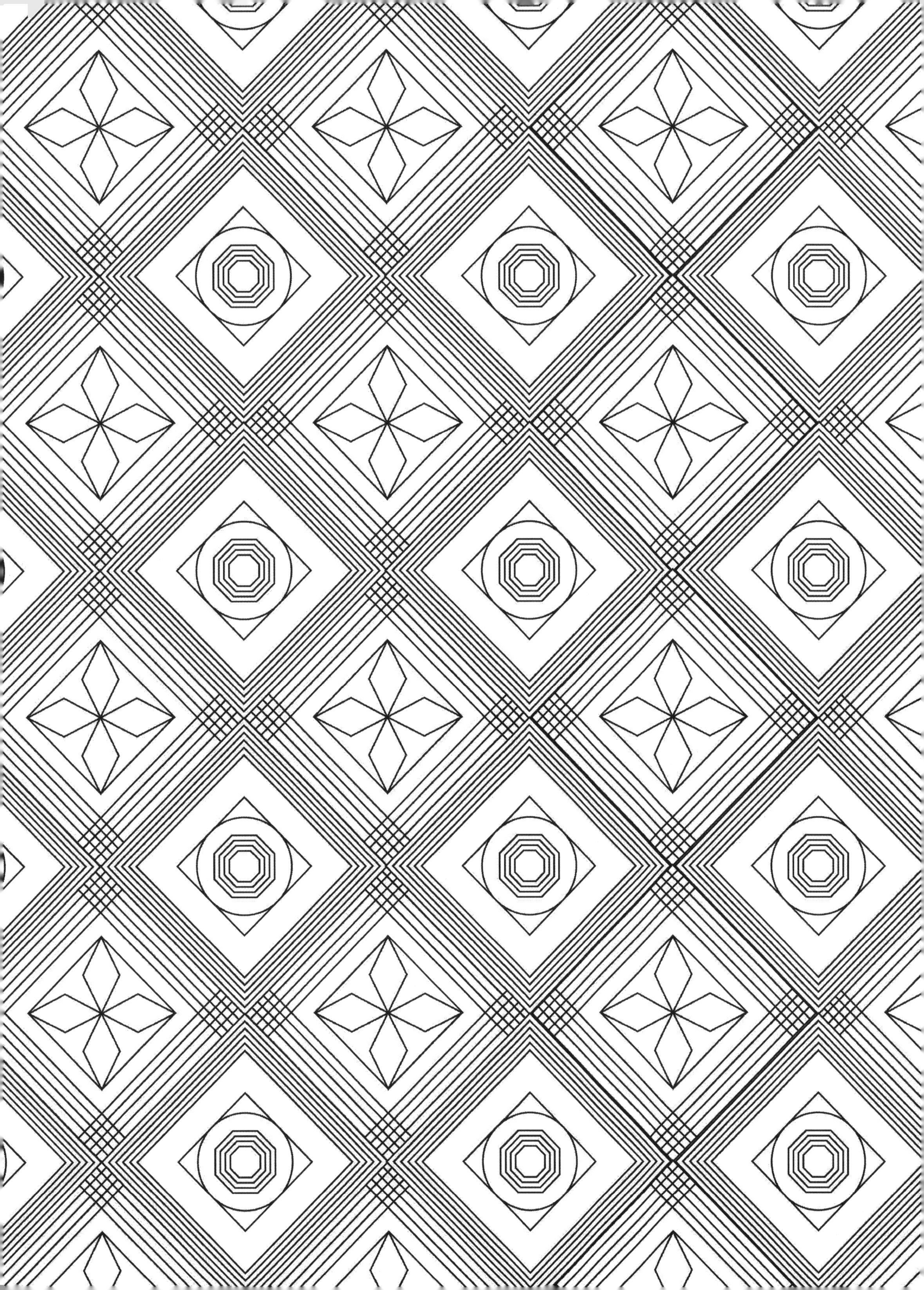

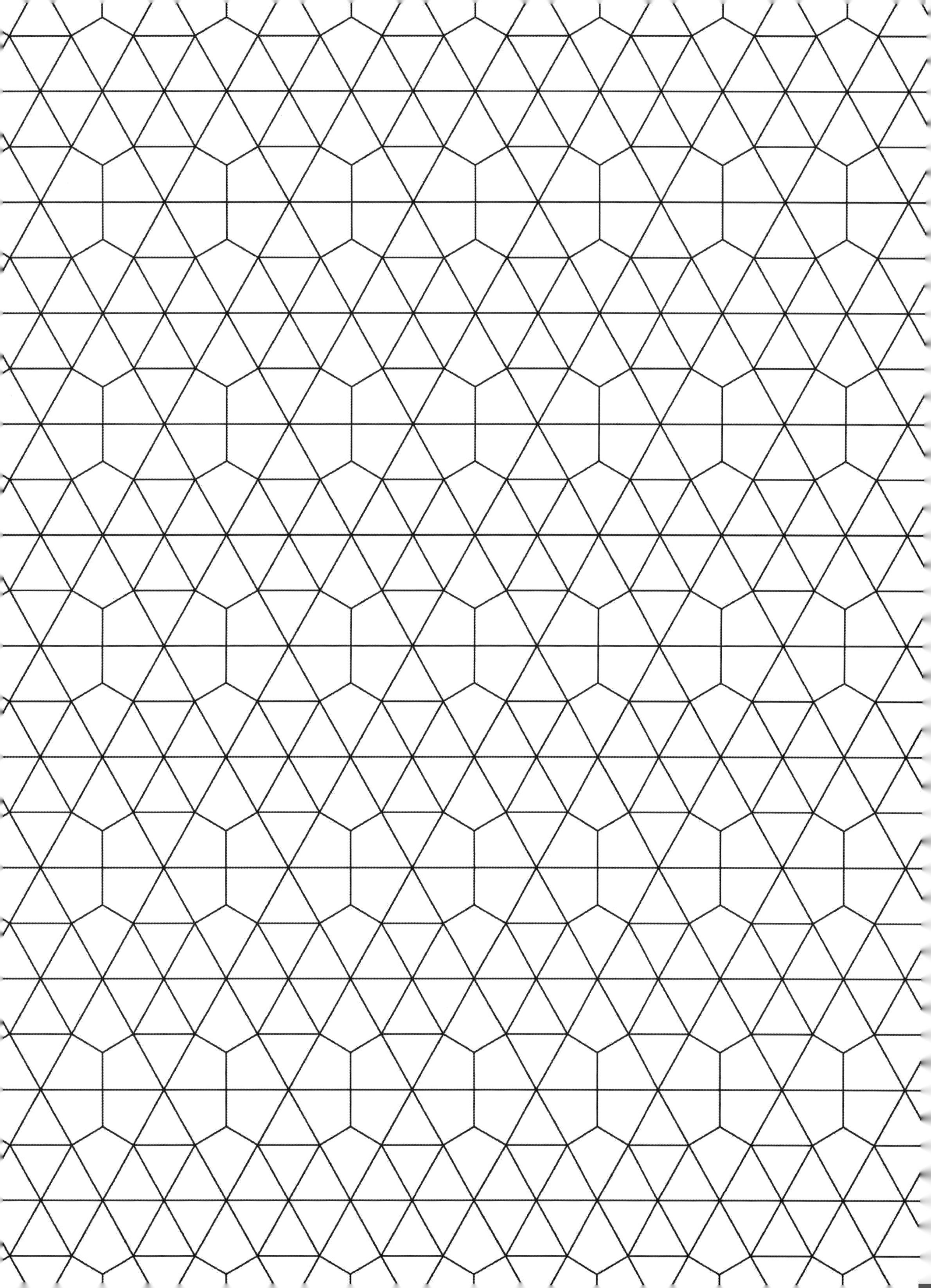

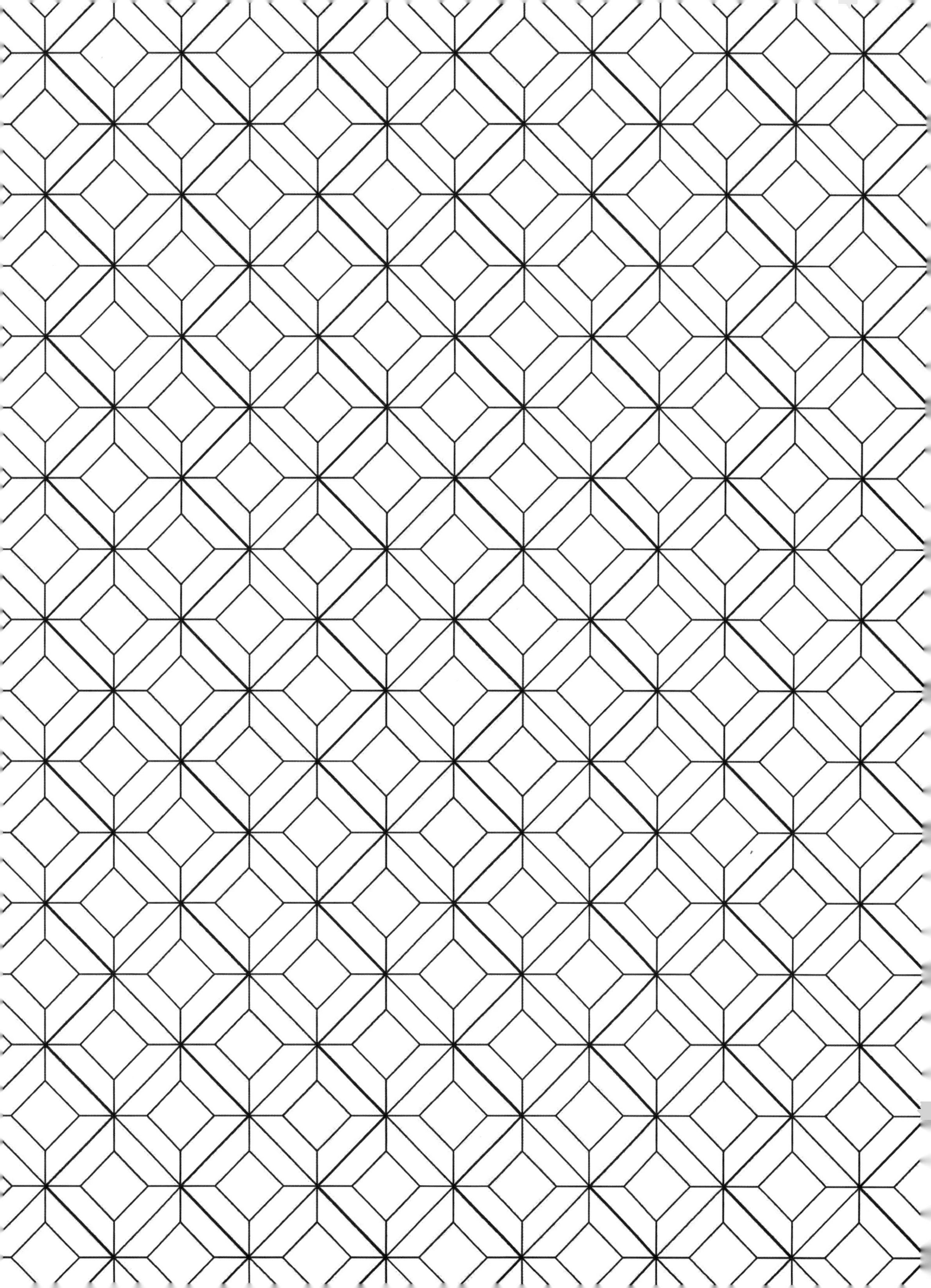

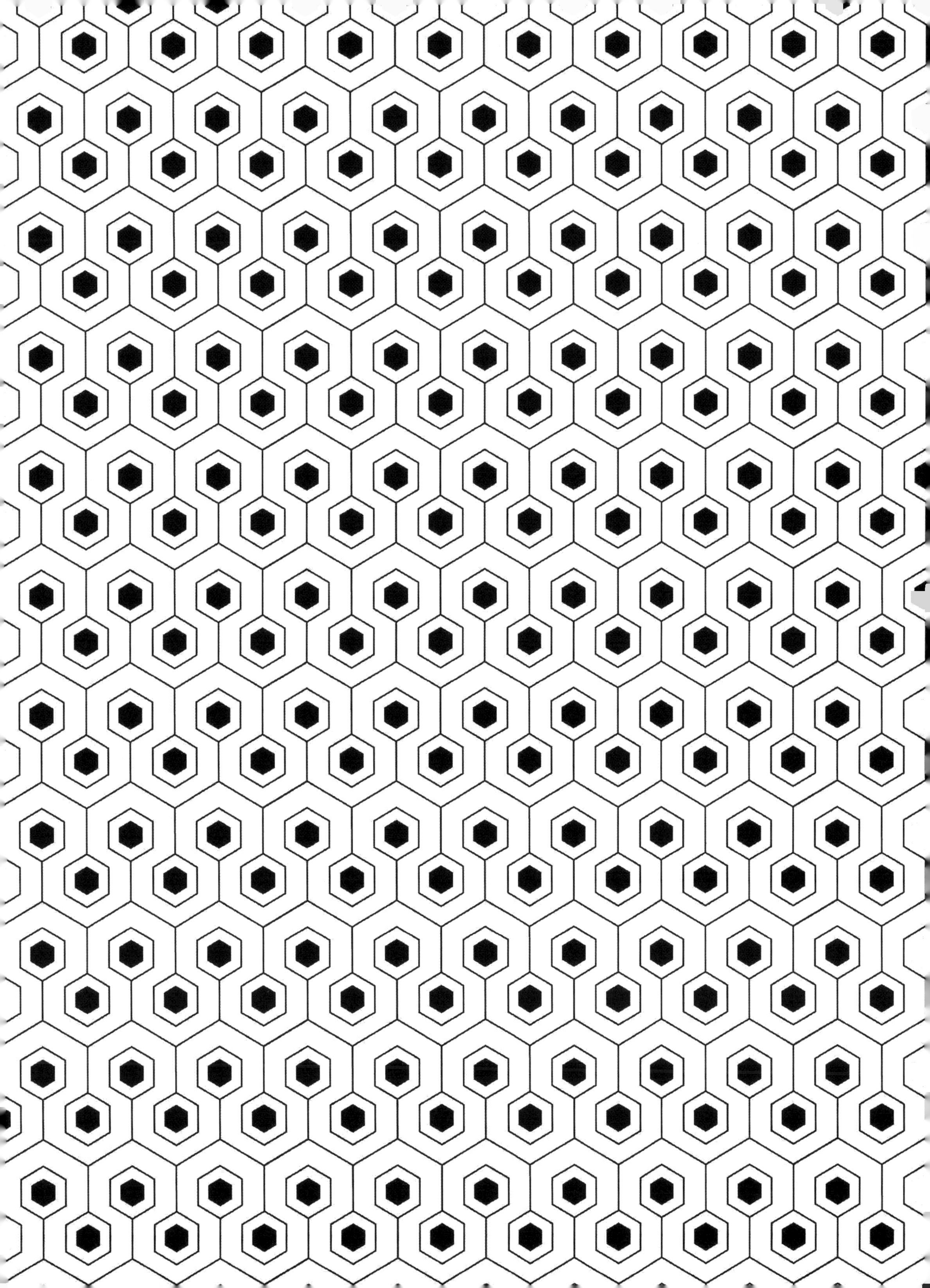

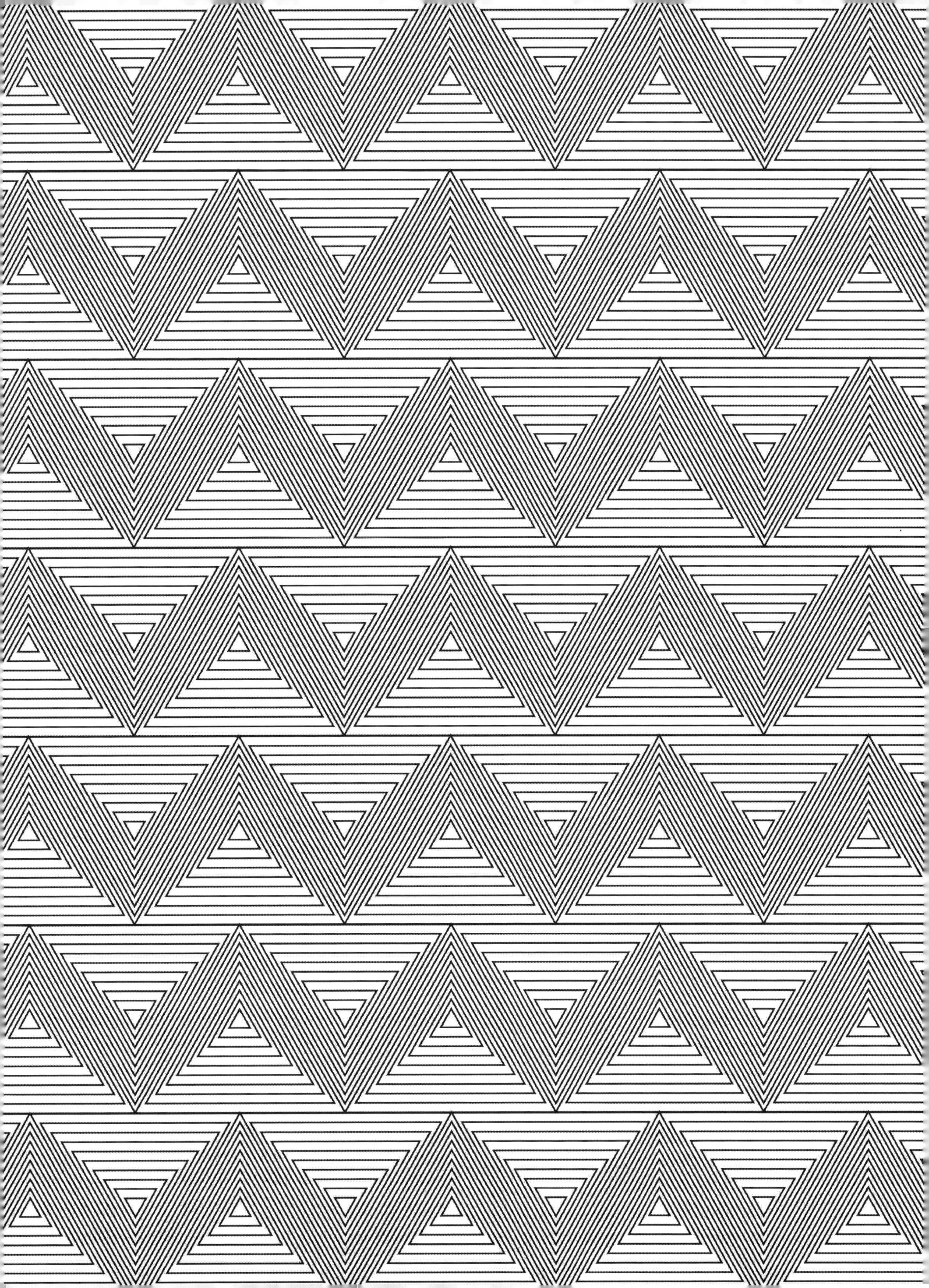

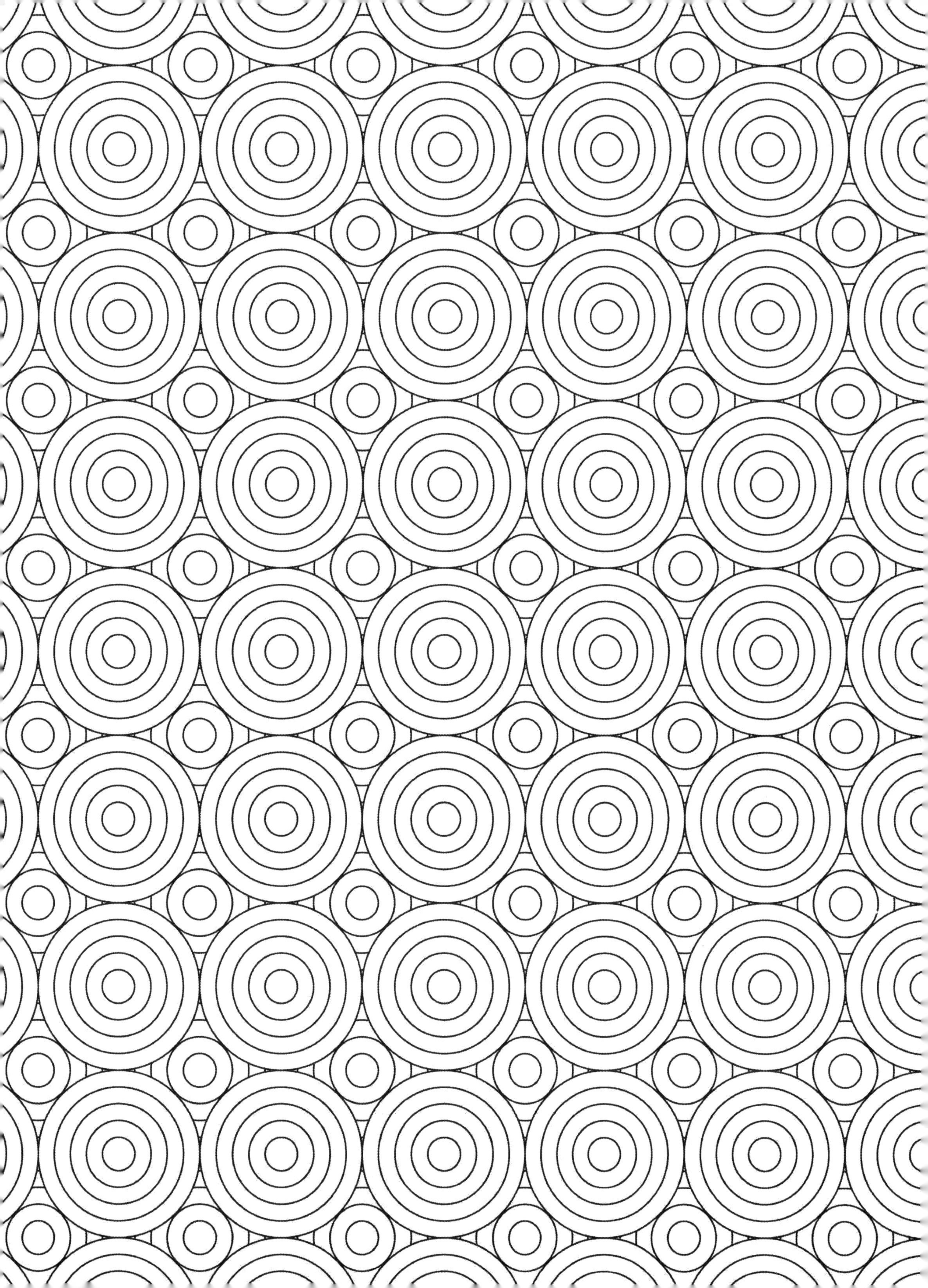

Made in the USA
Las Vegas, NV
17 November 2022

59591657R00028